መላመዲ ኢደ-ጽሕፈት ት

ፊደልን፡ ቃላትን

Tigrigna Hand Writing Work-Book

Letters and Words

Weledo Publications Enterprise

WELEDO

Copyright © 2013 Weledo Publications Enterprise

All rights reserved.

ISBN-10: 1489507949
ISBN-13: 978-1489507945

መቕድም

መጽሓፍ መላመዲ ኢደ-ጽሕፈት ትግርኛ፡ ኣብ ምህናጽ ጽባቕ-ጽሕፈት ፊደላትን፡ ቃላትን ትግርኛ ዘተኮረት እያ። እዛ ብልዑል ጥንቃቐ ዝተዳለወት ፍርያት ሕትመት ወለዶ ፓብሊኬሽንስ እያ።

ንወለዲን፡ ተመሃሮ ቛንቛ ትግርኛን ድማ፡ ብተደጋጋምን፡ ስሩዕን ኣገባብ ተኽእሎ ኢደ-ጽሕፈት ዘማዕብል ናውቲ መምሃሪ ተቕርብ።

ትሕዝቶ መጽሓፍ መላመዲ ኢደ-ጽሕፈት ትግርኛ፡ ኣብ ክልተ ዝተኸፍለ ኮይኑ፣ ብመጀመርያ ንኹሎም ፊደላት ትግርኛ፡ ካብ ምድማቕ ጀሚሩ፡ ናብ ምቕዳሕ ዝምዕብል ተደጋጋሚ ዕዮታት ትሰርዕ። ካብኡ ቐጺሎም ኣብ ዝሰዓቡ ናይ ቃላት ዕዮታት ድማ፡ ብተመሳሳሊ ኣገባብ ዝተሰርዑ፡ ኣብ መግለጺ ፍሉያት ሓሳባት ዝኾኑ ቃላት፣ ከም እኒ ኣስማት ናይ መዓልታት፡ ኣዋርሕ፡ እዋናት፡ ፍቕዲን፡ ካልኦትን ዘጠቓልል ትሕዝቶ ተቕርብ።

መጻሕፍትን፡ ካልኦት ናይ መምሃሪ ናውትን፡ ፍርያት ወለዶ ፓብሊኬሽንስ፡ ብኣቀራርባን፡ ትሕዝቶን ኣብ ገዛ ንዝግበር ኣስተምህሮ ቛንቛ-ኣደ ትግርኛ ብዝምችእ ኣገባብ ዝተዳለዉ እዮም።

ንተወሳኺ ሓበሬታን፡ ኣገባብ ዕድጊ መጽሓፍን፡ ኣብ መርበብ ሓበሬታና፡ www.weledo.com ተወከሱና።

Weledo Publications Enterprise
2013

Ս Ս̔ Հ Կ Հ̔ Ս Սʼ

ለ ሉ ሊ ላ ሌ ል ሎ

ለ ሉ ሊ ላ ሌ ል ሎ

ለ ሉ ሊ ላ ሌ ል ሎ

ሐ   ሑ   ሒ   ሓ   ሔ   ሕ   ሖ

ሐ   ሑ   ሒ   ሓ   ሔ   ሕ   ሖ

ሐ   ሑ   ሒ   ሓ   ሔ   ሕ   ሖ

መ ሙ ሚ ማ ሜ ም ሞ

መ ሙ ሚ ማ ሜ ም ሞ

መ ሙ ሚ ማ ሜ ም ሞ

ረ ሩ ሪ ራ ሬ ር ሮ

ረ ሩ ሪ ራ ሬ ር ሮ

ረ ሩ ሪ ራ ሬ ር ሮ

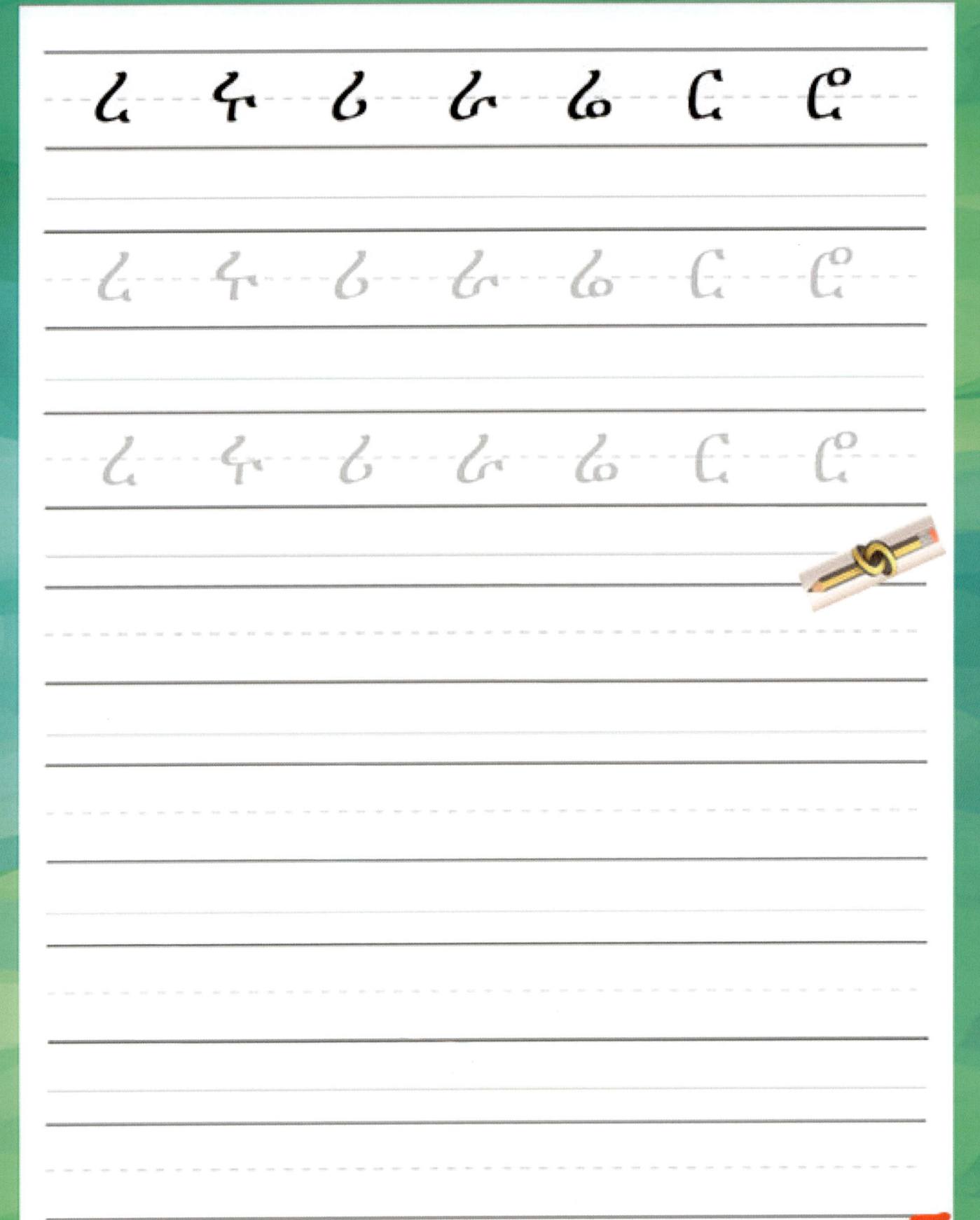

ሰ   ሱ   ሲ   ሳ   ሴ   ስ   ሶ

ሰ   ሱ   ሲ   ሳ   ሴ   ስ   ሶ

ሰ   ሱ   ሲ   ሳ   ሴ   ስ   ሶ

ሸ ሹ ሺ ሻ ሼ ሽ ሾ

ሸ ሹ ሺ ሻ ሼ ሽ ሾ

ሸ ሹ ሺ ሻ ሼ ሽ ሾ

ቀ   ቁ   ቂ   ቃ   ቄ   ቅ   ቆ

ቀ   ቁ   ቂ   ቃ   ቄ   ቅ   ቆ

ቀ   ቁ   ቂ   ቃ   ቄ   ቅ   ቆ

ቐ ቑ ቒ ቓ ቔ ቕ ቖ

ቐ ቑ ቒ ቓ ቔ ቕ ቖ

ቐ ቑ ቒ ቓ ቔ ቕ ቖ

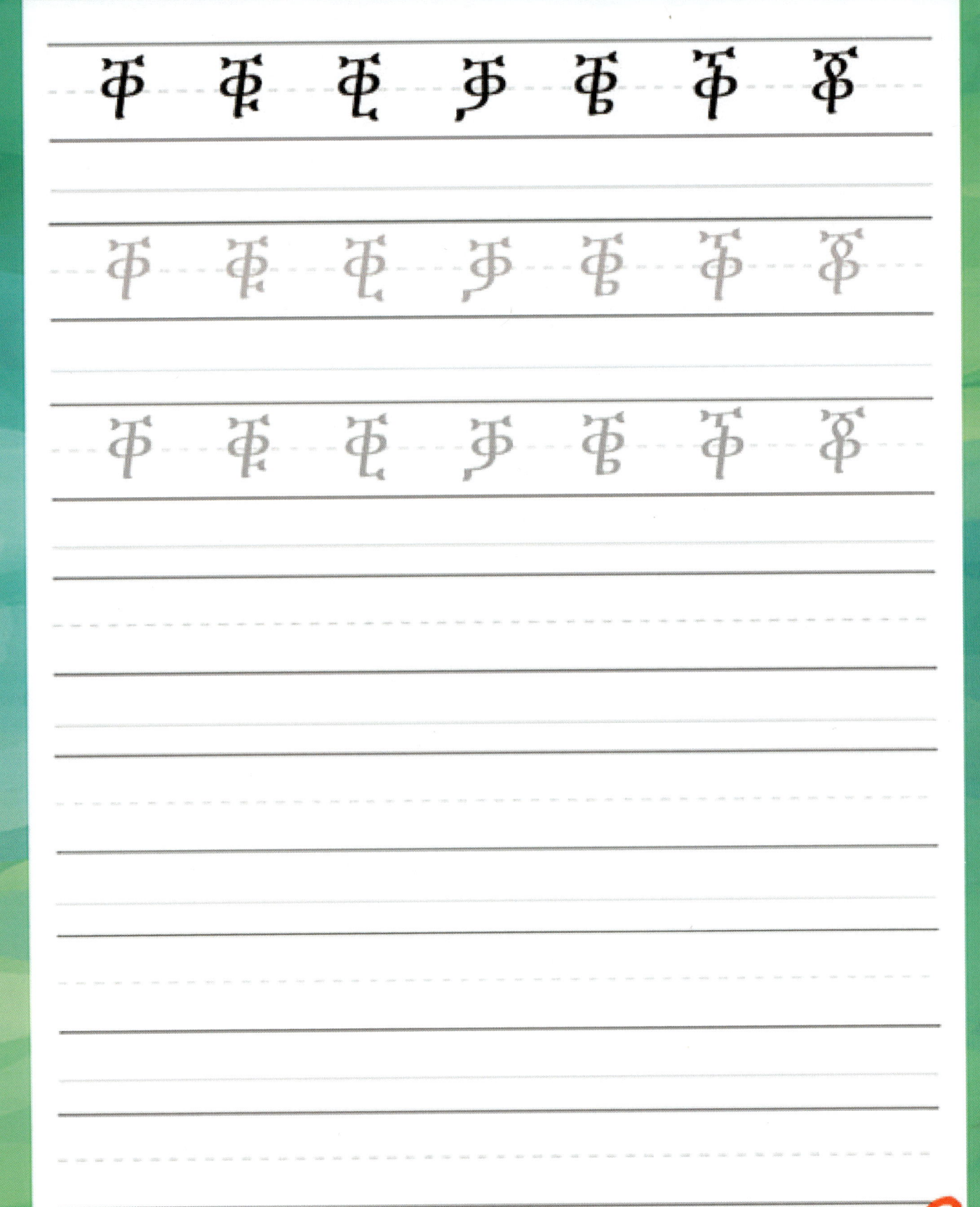

በ ቡ ቢ ባ ቤ ብ ቦ

በ ቡ ቢ ባ ቤ ብ ቦ

በ ቡ ቢ ባ ቤ ብ ቦ

ተ ቱ ቲ ታ ቴ ት ቶ

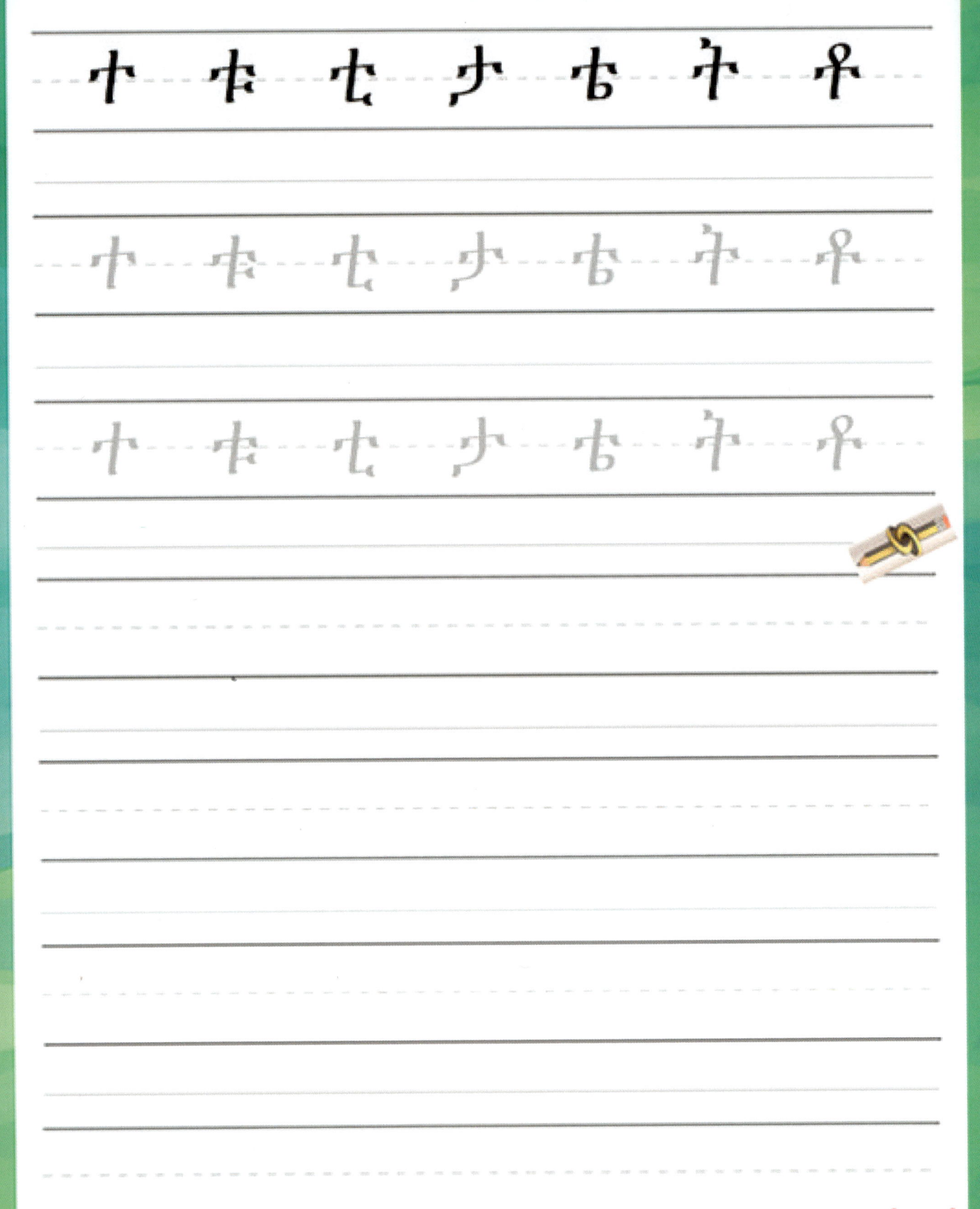

ተ ቱ ቲ ታ ቴ ት ቶ

ተ ቱ ቲ ታ ቴ ት ቶ

ቸ ቹ ቺ ቻ ቼ ች ቾ

ቸ ቹ ቺ ቻ ቼ ች ቾ

ቸ ቹ ቺ ቻ ቼ ች ቾ

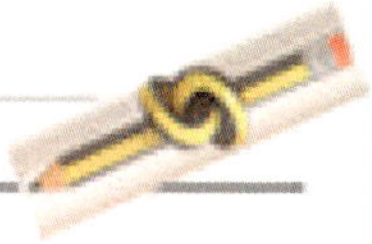

ነ ኑ ኒ ና ኔ ን ኖ

ነ ኑ ኒ ና ኔ ን ኖ

ነ ኑ ኒ ና ኔ ን ኖ

ኘ ኙ ኚ ኛ ኜ ኝ ኞ

ኘ ኙ ኚ ኛ ኜ ኝ ኞ

ኘ ኙ ኚ ኛ ኜ ኝ ኞ

አ   ኡ   ኢ   ኣ   ኤ   እ   ኦ

አ   ኡ   ኢ   ኣ   ኤ   እ   ኦ

አ   ኡ   ኢ   ኣ   ኤ   እ   ኦ

ከ ኩ ኪ ካ ኬ ክ ኮ

ከ ኩ ኪ ካ ኬ ክ ኮ

ከ ኩ ኪ ካ ኬ ክ ኮ

ኸ ኹ ኺ ኻ ኼ ኽ ኾ

ኸ ኹ ኺ ኻ ኼ ኽ ኾ

ኸ ኹ ኺ ኻ ኼ ኽ ኾ

ወ ዉ ዊ ዋ ዌ ው ዎ

ወ ዉ ዊ ዋ ዌ ው ዎ

ወ ዉ ዊ ዋ ዌ ው ዎ

ዐ ዑ ዒ ዓ ዔ ዕ ዖ

ዐ ዑ ዒ ዓ ዔ ዕ ዖ

ዐ ዑ ዒ ዓ ዔ ዕ ዖ

ዘ ዙ ዚ ዛ ዜ ዝ ዞ

ዘ ዙ ዚ ዛ ዜ ዝ ዞ

ዘ ዙ ዚ ዛ ዜ ዝ ዞ

ዠ ዡ ዢ ዣ ዤ ዥ ዦ

ዠ ዡ ዢ ዣ ዤ ዥ ዦ

ዠ ዡ ዢ ዣ ዤ ዥ ዦ

ረ ሩ ሪ ራ ሬ ር ሮ

ረ ሩ ሪ ራ ሬ ር ሮ

ረ ሩ ሪ ራ ሬ ር ሮ

ደ ዱ ዲ ዳ ዴ ድ ዶ

ደ ዱ ዲ ዳ ዴ ድ ዶ

ደ ዱ ዲ ዳ ዴ ድ ዶ

ጀ ጁ ጂ ጃ ጄ ጅ ጆ

ጀ ጁ ጂ ጃ ጄ ጅ ጆ

ጀ ጁ ጂ ጃ ጄ ጅ ጆ

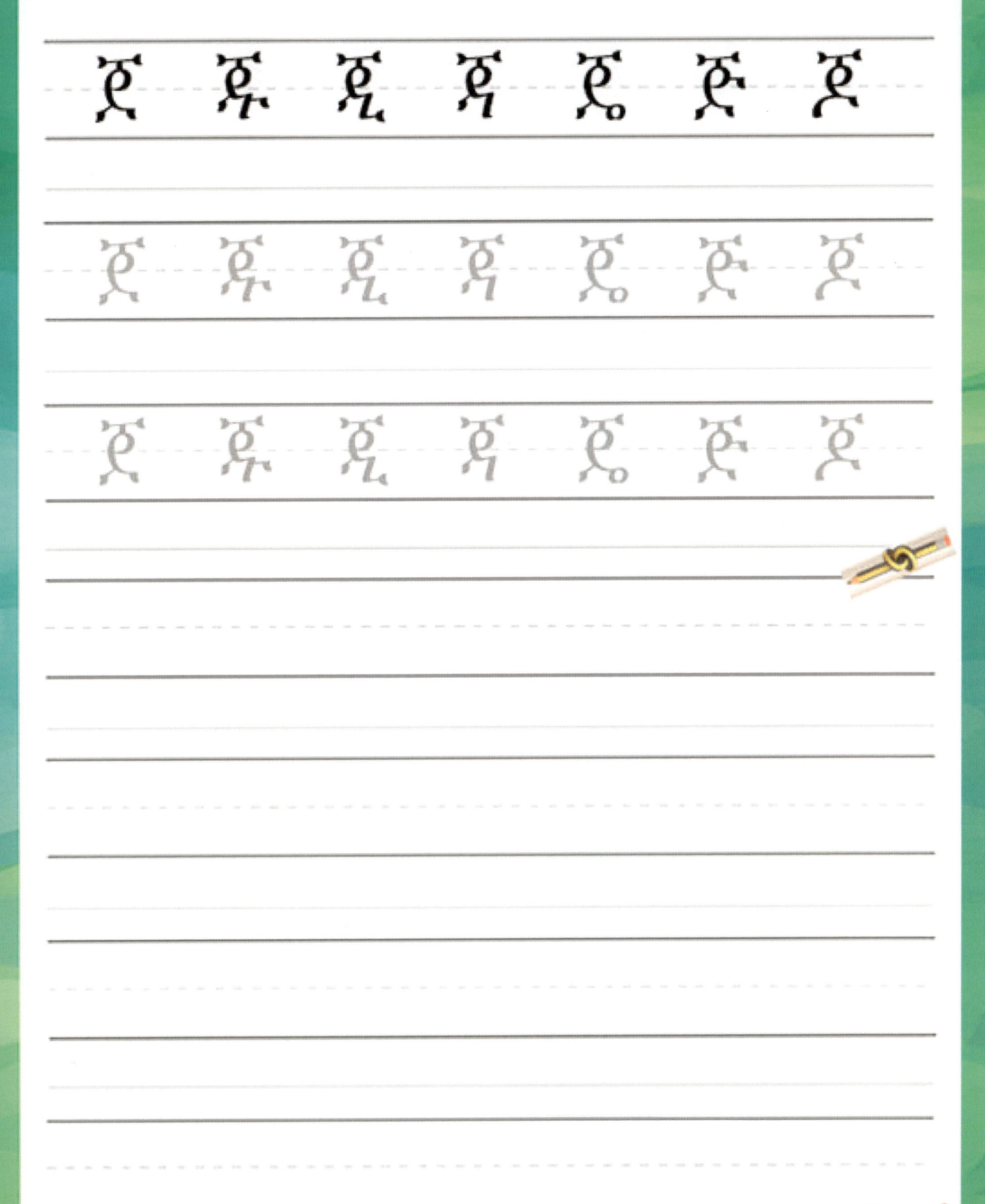

ገ ጉ ጊ ጋ ጌ ግ ጎ

ገ ጉ ጊ ጋ ጌ ግ ጎ

ገ ጉ ጊ ጋ ጌ ግ ጎ

ጠ ጡ ጢ ጣ ጤ ጥ ጦ

ጠ ጡ ጢ ጣ ጤ ጥ ጦ

ጠ ጡ ጢ ጣ ጤ ጥ ጦ

ஔ ஓஃ ஒூ ஔ ஓஂ ஓ் ஒ

ጸ ጹ ጺ ጻ ጼ ጽ ጾ

ጸ ጹ ጺ ጻ ጼ ጽ ጾ

ጸ ጹ ጺ ጻ ጼ ጽ ጾ

ጸ ጹ ጺ ጻ ጼ ጽ ጾ

ጸ ጹ ጺ ጻ ጼ ጽ ጾ

ጸ ጹ ጺ ጻ ጼ ጽ ጾ

ፈ ፉ ፊ ፋ ፌ ፍ ፎ

ፈ ፉ ፊ ፋ ፌ ፍ ፎ

ፈ ፉ ፊ ፋ ፌ ፍ ፎ

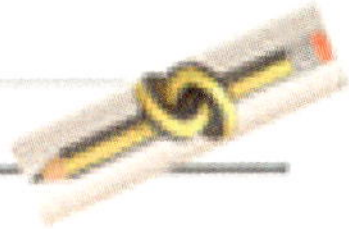

ፐ ፑ ፒ ፓ ፔ ፕ ፖ

ፐ ፑ ፒ ፓ ፔ ፕ ፖ

ፐ ፑ ፒ ፓ ፔ ፕ ፖ

ቨ ቩ ቪ ቫ ቬ ቭ ቮ

ቨ ቩ ቪ ቫ ቬ ቭ ቮ

ቨ ቩ ቪ ቫ ቬ ቭ ቮ

ሰኑይ ሰኑይ

ሰሉስ ሰሉስ

ረቡዕ ረቡዕ

ሓሙስ ሓሙስ

ዓርቢ ዓርቢ

ቀዳም ቀዳም

ሰንበት ሰንበት

ወጋሕታ   ወጋሕታ

ረፋድ   ረፋድ

ቀትሪ   ቀትሪ

ዕራርቦ   ዕራርቦ

ምሸት   ምሸት

ለይቲ   ለይቲ

መዓልቲ   መዓልቲ

ሓጋይ   ሓጋይ

ክራማት   ክራማት

ጥሪ   ጥሪ

ለካቲት   ለካቲት

መጋቢት   መጋቢት

ሚያዝያ   ሚያዝያ

ግንቦት   ግንቦት

ሰነ   ሰነ

ሓምለ   ሓምለ

ነሓሰ   ነሓሰ

መስከረም መስከረም

ጥቅምቲ   ጥቅምቲ

ሕዳር   ሕዳር

ታሕሳስ   ታሕሳስ

ካልኢት ካልኢት

ደቒቕ ደቒቕ

ሰዓት ሰዓት

ሰሙን ሰሙን

ወርሒ ወርሒ

መንፈቕ መንፈቕ

ዓመት ዓመት

ባዶ ባዶ

ሓደ ሓደ

ክልተ ክልተ

ሰለስተ ሰለስተ

ኣርባዕተ ኣርባዕተ

ሓሙሽተ ሓሙሽተ

ሽዱሽተ ሽዱሽተ

ሸውዓተ ሸውዓተ

ሸሞንተ ሸሞንተ

ትሽዓተ ትሽዓተ

ዓሰርተ ዓሰርተ

ዕስራ ዕስራ

ሰላሳ ሰላሳ

ኣርብዓ ኣርብዓ

ሓሙሳ ሓሙሳ

ሱሳ ሱሳ

ሰብዓ ሰብዓ

ሰማንያ ሰማንያ

ተስዓ ተስዓ

ሚእቲ ሚእቲ

ሽሕ ሽሕ

Image © Shutterstock.com: Carlos Gardel, Panom, Subbotin Anna, Dudarev, Anan Kaeukhammul Radvila, Sarycheva Olesia, African Studio, Volodymyr, Alexia Khruschieva, Design56, Zubad.